시인 김해영

시와사람서정시선 029

바다로 간 달팽이

김해영 시집

시와사람

국립중앙도서관 출판시도서목록(CIP)

바다로 간 달팽이 : 김해영 시집 /
지은이: 김해영. -- 광주 : 시와사람, 2012
　p. ;　cm. -- (시와사람 서정시선 ; 029)

ISBN 978-89-5665-347-1 03810 : ₩8000

한국 현대시[韓國 現代詩]

811.7-KDC5
895.715-DDC21　　　　　　CIP2012001037

바다로 간 달팽이

■ 시인의 말

여명을 잉태하느라
바다는 그리도 어두웠나 봅니다.
갯벌에 빠져 허우적거릴 때
시는
어둠의 기폭을 찢는 시조새의 울음처럼
카오스를 가르는 태초의 빛처럼
다가왔습니다.
병상에 있는 동안
벗들의 따스한 마음이 드리워준 두레박으로
절망과 두려움을 퍼내고
파릇한 생기를 되찾게 되었습니다.
먼 길을 달려온 파도와 그 위에 희망처럼 번지는 여명,
그것은 자유이고 해탈이었습니다.
비록 다듬어지지 못한 생목소리로 부르는 영가(靈歌),
온 누리를 두루 비추지 못하는 박명(薄明)이지만
어둠의 가장자리를 헤매는 이들에게
희망의 지렛대가 되기를 소망하며

이 책을 펴냅니다.
고통 속에 있는 암환우들과
병상을 지켜준 숙 형, 경, 순, 자, 현, 은 아우,
먼 데서 응원하고 격려해 주신 미국의 김 선생님,
한국의 우 선생님 내외분께
졸저를 바칩니다.

                        햇살 다사로운 임진년 3월에
                            소운(素云) 김해영

차례

■ 시인의 말 __ 7

제1부 햇빛 사냥

14 축복
16 파릇한 시간
18 악의 꽃
20 2월처럼
21 햇빛 사냥
22 내 안의 나
23 마침표
24 생명의 노래
26 소중한 것들
27 운명의 패
28 불이문에 이르러
30 먼 하루

제2부 신화로 가는 길

32 바람이 불었소
34 풍차 아래
36 안개

삶의 능선에서 37
신화로 가는 길 38
닥터 루빈 40
11월의 첫날 41
병사와 순례자 42
여로 45
육탈 46
도반의 손을 잡고 47
섶을 내려오며 48
절대 고독의 방 50
여울목에서 52

제3부 누가 이 찬란한 아침을 불러오는가

위로 54
여명의 문 55
누군가의 오두막이 되어 56
비에 젖고 정에 젖어 58
사슴은 사슴끼리 기대어 산다 60
정 62

63　빛
64　밤이 두려운 그대에게
66　누가 이 찬란한 아침을 불러오는가
68　새벽을 기다리는 사람들
70　카르페 디엠
72　시인의 숨결로

제4부　오월에 산다

74　그날 이후
75　오월에 산다
76　영혼의 자유
78　외줄 타는 광대 1
80　외줄 타는 광대 2
82　바다로 간 달팽이
84　달팽이의 꿈
86　무요일
88　밴쿠버 연가
90　꽃이 되고 시가 되겠지
91　속마음
92　삼베 조각보

제5부 환절기

반란의 봄 94
봄볕 아래 95
봄덮밥 96
꽃잔디 97
환절기 98
텃밭 내리사랑 100
유월 102
늪 그리고 … 104
가을이 오는 소리 108
낙엽 하나, 낙엽 둘 109
밤톨 영그는 날에 110
함박눈 112

제6부 행복하려거든 떠나라

억새 114
바보가 되어간다 115
여백 116
산모롱이 돌면 118

120 이름 없는 별
121 게 어디, 사람 없소
122 그만큼
124 시는
125 탐욕
126 홍어
128 행복하려거든 떠나라

129 해설 | 고독의 터널을 거쳐 해탈의 바다로 / 백수인

1
햇빛 사냥

축복

유리창 밖
서성이던 햇살이
밤 내내 푸석이던 꿈결을
젖먹이처럼 파고드는 이 아침

지친 육신이
새 생명의 지팡이를 짚고 일어나
하루의 일상을 여는
부활을 체험하고

미움과 절망으로 굳어버린
가슴 속 얼음장미가
봉긋이 피어나는
행복도 맛보며

가식과 허화에 휘둘려
안개 낀 것처럼 뿌연 시야가
말끔하게 닦이는
영혼의 정화도 겪는다

병상에서
긴 밤을 건너온 새해가 쏟아내는
축복의 햇살을 받고
일상에서 부시럭거리며 일어나는
작은 기적을 맞는다

파릇한 시간

내 몸은 천칭
자칫 어느 하나를 욕심내면
기울어져 절룩거리는

세상일에 치우치면
시가 막히고
글쓰기에 몰두하면
세상 것이 우스워진다

어느 날 헤어날 길 없는 절망의 수렁에 빠졌다
끝간 데 없던 호기가 다 사라지고 절망의 끝이 보이지 않았다
우울증인가 자가진단을 했다
마음이 허해지자 몸이 슬몃 무너진다

병이 들고 바짝 정신이 든다
마음과 몸을 나란히 들고 저울질을 한다
어느 한쪽으로 기울지 않도록 균형을 잡는다
팽팽하다

아, 미루어둔
파릇한 사랑을 하고
노을처럼 고운 시 쓸 겨를이
내게도 주어질까

악의 꽃

트리플 네거티브 캔서*
독한 놈을 만났다

몰래 숨어 들어
악의 꽃을 피우고
고요한 마음밭
엉겅퀴덤불처럼 헝클어놓은 놈
탱자가시 울 넘어
늪지대 건너고
너른 초원 지척에서
발목 거머잡는 파리지옥풀 같은 놈

놈을 찾아 나선다

건성으로 쓴 일기 갈피에 꽂힌
헤아리지 못한 마음과
돌보지 못한 시간들이
찔레덤불처럼 아우성치고
무르익지 못한 글 행간에 숨은
송곳처럼 뾰족한 독설과

진리에 닿지 못한 궤변이
파리지옥풀처럼 물고 늘어지는데

어쩔 것인가
악의 씨 뿌렸으니
독 오른 가시도 품어 다독일밖에

*트리플 네거티브 캔서(Triple Negative cancer) : 호르몬 요법에 반응하
 지 않는, 공격적인 암.

2월처럼

계절의 모퉁이를 돌아오는
님 발자국 소리에
내닫는
하얀 버선발

이른 봄볕의 입맞춤에
서른 날을 채우지 못하고
까르륵
지어버린 선웃음

설익은 정분을
매운 고추바람으로 다독여
농 익힌
봄의 분내

이른 병상을 걷어내고 일어난
나,
바장이는
2월의 마음

햇빛 사냥

일요일 오후,
문득 겨울비 장막이 걷히고
안개가 길 잃은 고양이처럼 어슬렁거리는 골목을 나선다
낙엽이 협궤열차처럼 뒹구는 길목에 서서
서리 낀 잔디에 사금파리처럼 박힌
햇살 조각을 응시한다
한가와 무료,
자유와 혼돈,
미답의 시간이 품은 두려움과 긴장,
일상의 편린들을 뒤로 한 채 햇빛 사냥을 나간다
몽고반점처럼 선명하게 찍힌 응달에서
성근 햇살 한 올 뽑고
꿈의 미늘을 달아
철갑처럼 단단한 겨울 무지개를 향해 던진다
낚시 바늘이 얼음처럼 차가운 심장에
파릇한 생채기를 내고
긴 어둠을 달려온 햇무리가
파편처럼 쏟아지는
빛의 폭포 아래
발가벗은 짐승이 떨고 있다

내 안의 나

내 안에 나 있어
눈으로 곱고 어여쁜 것 탐하며
귀에 달콤한 것만 좇았더니
문득
가시덤불 억센 황무지에
홀로 서있구나

이제는 몸엣것 다 버려야 할 때
눈에 설고
귀에 거친 것도
익숙해져야
억새풀 나부대는 빈 들녘에서
두리번거리지 않으리

내 밖에 나 두어
절망의 우물 희망으로 긷고
분노의 그물 평화로 건어내어
아기새처럼
산들바람처럼
풋풋하고 앳된 미소로 살아가리

마침표

삶의 원고지에는
마침표가 없습니다

가다 힘들면
바위턱에 걸터앉아 쉼표,
아찔 낭떠러지에 핀
산나리 한 떨기 보며 느낌표!
왜 저한테 이리 독한 병을?
절규의 물음표
못 들은 척
침묵하는 하늘의 말없음표……
칸칸이 부호투성이인데
마침표만 없어

내 영혼의 노래에
도돌이표를 찍습니다

생명의 노래

푸르른 언덕에 서있을 적엔
정말 몰랐어요
끝없는 지평선처럼 영원할 줄 알았지요
그러나 이제 알아요
언덕을 푸르게 덮고 있는 무성한 풀들도
언젠가는 시들어 간다는 것을

언덕을 내려와 놀미욤한 들녘에서
갈대처럼 나부끼며
저녁놀이 부리는 황홀한 마술에
촉촉히 젖어 들지요
지평선 너머 내일에 닿지 못한다 해도
이 순간이 얼마나 소중한지

벌레 먹은 가랑잎에
투창처럼 꽂히는 가을볕 아래
한여름을 살아낸
하루살이의 짝짓기 날갯짓이 요란하고
서리 맞은 산국이
추억의 씨방을 노릿노릿 익혀가는

작고 여린 것들이
생명을 갈무리하는 시간

가장 기쁜 목소리로
노래 불러요, 생명의 찬가를
가장 맑은 소망을 담아
기도 드려요, 영혼의 송가를

소중한 것들

육신이 허랑해지면
영혼이 맑아지는지

미망의 거미줄이 걷히고
안개에 가려있던 것들이

밤하늘의 별처럼
아침 햇살 받은 이슬처럼
영롱하게 빛난다

자잘한 일상이
고운 채색과 무늬를 띠고

시들은 육신 앞에
나붓이 절을 하면

옹이 박힌 영혼이
푸른 깃을 세우고
먼 길 달려온 새벽을 맞는다

운명의 패

운명의
죽간통 안에는
희(喜) 곁에 비(悲) 나란히 서있고
행(幸)을 뽑으면 불(不) 뒤쫓아 나서
금세 짝을 이루니
손에 쥔 패가 암(癌)일지라도
기함할 것 없어
다음 뽑혀 나올 패는
분명
화(和)이리니

불이문에 이르러

문(門)은
늘 닫혀 있었고
닫힌 문은
바람(願)을 짓밟았다

세속의 강은
거세게 흘러
저항의 의지를 앗아가고
순명의 굴레를 씌웠다

마당에 불도화* 필 무렵이던가

문이
여닫힌다는 것을 알게 된 게
문 밖 들녘에
무시로 눈서리 몰아친다는 걸 안 게

젊음의 만용이
용암처럼 솟구쳐
거센 이랑 헤쳐가며

큰바다를 향해 겁없이 나섰다

문은
파도가 넘치는 걸 막지 못했고
더이상
선택을 강요하지도 않았다

세속의 문 거쳐
불이문*에 거침없이 이르렀을 제
풍경을 울린 바람(風)이 물었다
진정 생과 사의 고리를 끊었느냐고

그 무렵이었을까,
헛꽃을 지우고 참꽃을 피우기 시작한 게

*불도화(佛桃花) : 흰 무리꽃으로, 헛꽃과 참꽃이 핌.
*불이문(不二門) : 절의 본전에 이르는 마지막 문, 해탈문이라고도 함.

먼 하루

하루는 절망하고
또 하루는 덧없는 희망에 달뜬다
하루는 행복하고
어떤 하루는 이유없이 불행해 한다
검푸른 불행의 물결만 남실댄다면
뉘 인생의 강물에 몸을 던지랴
회백색 절망의 연기가 쉼 없이 피어난다면
어찌 삶의 오두막에 불을 지피랴
삶과 죽음,
기쁨과 슬픔,
갈등과 화해가
검은 건반 흰 건반처럼 촘촘히 박힌
세월의 피아노를 두들기며
우울의 심연에 가라앉는 마음의 현을 조율한다
검은 건반을 건너뛴 미와 파 사이처럼
멀어진 하루를
높은음자리표로 살다 보면
삶의 결도
슬픈 단조에서
경쾌한 장조로 바뀌지 않을까

2

신화로 가는 길

바람이 불었소

간밤엔
바람이 불었소
미친 듯이 불었소
땅 위엣것을 다 쓸어버릴 듯이
바람은 그렇게 불었소

헛된 아집의 각질과
빛 바랜 이름을
문패처럼 달고 있는
나무 둥치
채찍처럼 후려치는
매바람을
맨몸으로 견디어야만 했소

속이 꽉 찬 참나무처럼
반듯하고
튼실하게
살아왔다고
허세 부리던

삶의 쭉쟁이를
아프게 아프게 훑어내야 했소

광풍이 헤집고 간 숲은
고요하오
……
가만,
얼굴 없는 전사가
검은 바람을 일으키며 달려오고 있소

풍차 아래

사방이 열린 언덕에는
비바람 막아줄 나무 한 그루 없습니다
꽃구름 피어나던 하늘을
찌르듯 서있는 풍차 홀로 외롭습니다
가슴이 먹먹해집니다

이마를 찌푸리고 있던 하늘이
분노의 칼날을 휘두릅니다
가느다란 장대에 해바라기처럼 얹힌
동그만 얼굴이
갈대마냥 휘청거립니다

거역할 수도
순응할 수도 없는
운명의 수레바퀴 아래에서
풍차는
여윈 팔을 허우적거립니다

바람은 더욱 거세게 후려치고
쿵쾅거리던 심장이

펑
터집니다
하늘에 눈꽃 같은 희망 피어나고

생명의 물레질을 시작하려나 봅니다

안개

전화벨 소리에
눈을 뜨니

별 일 없냐
꿈자리가 영 사나워서

물방울 매달려 있는
어머니 음성

꽃몽오리 선 여식 가슴
헤쳐 본 걸까

불안의 숲 뚫고
근심의 바다 건너

금 간 심장으로 달려와
알알이 부서지는 모정

삶의 능선에서

허위허위 오른 능선에는
꽃 한 송이 없다
번민 같은 안개를 헤치고
아우성치는 자갈밭을 지나서
고꾸라질 듯 오른 능선에
햇살 한 줌 없고
여윈 몸을 휘감아도는 채찍바람뿐

벼린 칼처럼 날캄한 능선에서
억새처럼 나부끼는 몸을 곧추 세우며

먹구름이 몰려와
눈보라를 흩뿌려도 괜찮다
가슴이 옥죄고
손발이 저미는 한기가 몰려와도
까치발 딛고 서있는 정상을 향해 나아가리라
스멀스멀 올라오는 그늘을 떨치고

기적처럼 살아온 삶의 7부 능선에서
기적처럼 살아갈 날을 동여매며

신화로 가는 길

한 서른 해 살다 보면
비바람에 쓸려
대쪽성미도 휘청거리고
총기도 흐려져
틉틉하고
울퉁불퉁한 쑥돌이 된다

또 스무 해쯤 살다 보면
모진 발길에 채여
단단하고
여물어져
자빠지고 굴러도
깨어지지 않는 차돌이 된다

한 갑자 생애 문에 다 왔다
안심하는 순간
덜컥
걸리는 빗장
또다시
모험이 시작된다

차돌에 불 붙여 들고
한 발 한 발 어두운 신화(神話) 속으로 들어간다

닥터 루빈

가슴에 첫 멍울이 잡히던 날
그가 다독거렸다
누구나 당황하는 거라고
운 없어 오는 거니 우울해 하지 말라며
떨고 있는 내 등을
굿 핸즈, 웜 핸즈*에게 떠밀었다
백혈구 생성주사를 맞으러 가서 다시 만난 그
콧수염과 머리카락을 길러
히피가 되어있다
전립선암 기금을 모으려고 기른다는
밤숭이 수염 속 미소가 능금처럼 상큼해
큰물진 강둑에 서있는 느티나무,
불길 속에 뛰어든 소방수 같은 그에게
빡빡 깎은 동자승 머리를
맡기고 누우니
파리한 병실 천정에
초록 희망이 사방무늬로 번져나간다

*굿 핸즈, 웜 핸즈: 솜씨 좋은 외과의

11월의 첫날

또닥또닥 빗줄기가 대지를 두들긴다
남루한 몸을
굽은 지팡이에 의지하여
살아온 길을 돌아보는 망설임과
다시 어둠을 헤쳐야 하는
두려움이 배어있다
슬픔이 욕망의 또 다른 얼굴이며
좌절이 새로운 희망의 싹임을
까마득히 모른 채 걸어온 미망의 길

타닥타닥 빗줄기가 새벽을 깨운다
긴 밤 어두운 골목을
누비고 다니는
야경꾼의 얕은 기침소리
저 짙은 절망 끝에는 여명이
혼란의 뒤에는 평온이 기다리겠지
아무도 손 내밀지 않은
절대 고독의 문을
옹이 박힌 손으로 또옥또옥 두드린다

병사와 순례자

이승과 저승의 대기실을
찾아가는 첫 날,
날은 왜 이리 청명한가
코를 톡 쏘는 바람
간밤 비에 말갛게 씻긴 단풍
끝이 없는 하늘을
뒤로 한 채 치료실에 든다
푹신한 안락의자에
줄줄이 링거 줄을 달고 앉아
책을 읽거나
한담을 나누거나
영화를 보는 이 사이를
흰 가운과 푸른 가운이 넘나든다
낯선 미장원에 들어선 것처럼
대기자들의 머리 모양만 살핀다
머리카락이 낙엽처럼 지는 사람은 없는가
돌멩이 같은 민둥머리는 없는가

가는 혈관에 구멍이 뚫리고
찬 액체가 전류처럼

몸 속을 타고 흐르면
책을 펼쳐 든다 - 히말라야, 40일의 낮과 밤
웅장한 설산이 열리고
어느 새 만년설 위를 맴도는 까마귀가 된다
삶의 종착점은 죽음
깨달음은 결국 죽음에 대한 해탈
철학을 하는 사이
약 주머니 하나가 비고
손과 발에 채워지는 얼음 수갑
동토의 땅에 서있는 듯
빙산에 오른 듯
매운 현실로 돌아와
새로 들어온 이웃을 넘어다 본다
갓 입대한 병사의 머리를 한 그녀는
16회 중 15회 차 치료
훨씬 심각하고
더 오래 치료받은
그녀의 검고 반드르한 머리칼에
건강과 활기가 흐른다
차츰 손과 발이 따스해진다

이승과 저승의 경계에 있는 대기실에는
죽음을 이기려는 병사들과
삶을 철학하는 순례자들로 가득하다

여로

눈보라 훑고 간 언덕에
상흔 자욱한
나무의
행렬

절뚝거리며
또
어디로
가고 있는가

육탈

누워 있는 건
죽음의 그물이 덮치기만 기다리는 게다
관절을 파고드는 송곳 아픔이
정강이 아래로
물처럼 흘러간다

바람에
육신이 풍화되는 걸
냉연히 바라본다

밤새 달려도 좋으리라
어두움 뒤에 숨어있을
통증의 복면이 벗어질 때까지

새벽이 몰고 오는
신선한 고통을
하루 몫의 생명으로
분양 받는다

육탈한 영혼에 초록 희망이 슨다

도반의 손을 잡고

악의 꽃 같은
암

몸 속에
엉겅퀴꽃처럼 피어나
남은 생을 더불어 가야 할
길벗

달려가는 마음 고삐 당겨주고
풍선처럼 부푸는 욕심주머니 조여주며
활활 타는 허명의 들불 잡아주는
도반

그의 손을 잡고
솜털 보스스한 강아지풀과
하얀 세일러복 입은 데이지 생글거리는
햇볕이 축복처럼 쏟아지는 오솔길

그 낯설고 눈부신 길을
더불어 간다

섶을 내려오며

항암치료실에 가면
할 일 없는
누에가 된다

편안하지만 어쩐지 해쓱해 보이는
침대에 올라
차려놓은 뽕잎 같은
항암치료제 섞인 주사약을
야금야금 받아 먹으며
한 잠을 잔다

눈 부릅뜨고 꼬박 새운
첫 잠을 제외하고
두 번째, 세 번째, 네 번째
횟수를 거듭할수록
섶은 더 편안한 잠자리가 된다

어머니 자궁 같은 고치 속에서
누에는
고운 꿈을 꾼다

하얀 나비가 되어
초록 배추 잎새를 뒤적이는 꿈,
잠자리 날개를 달고
붉은 꽃술을 넘나드는 꿈,
알록달록 무당벌레 되어
하늘한 창포 줄기에 대롱이는 꿈

넉 잠을 자고
내려오는
누에의 꽁무니에
눈부시게 흰 명주실이 하늘까지 닿아있고
섶에는
쪼글쪼글 허물만 남아있다

절대 고독의 방

백 넘버 600 이라 적힌
무명 주머니에서
파란 가운 꺼내 입고
죄수처럼
절대 고독의 방에 들어

윙 기계음이 들리고
똑딱똑딱 초침소리 울리면
붉은 눈 부릅뜬
유에프오 닮은 기계가 넘나들며
기형세포를 퇴치하고

혹시 애꿎은 세포 희생되지 않을까
쌀벌레처럼 몸을 말아
손바닥만한 가제 밑을 파고들어

동그랗고
네모진 얼굴의 우주인이
가슴을 훑고 지나가는
공포의 터널을

홀로 걸어

뱀의 혀처럼 몸통을 휘감던
방사선이 걷히면
붉은 화인 찍힌 가슴을 안고
나서는 귓전에
때 아닌 풀벌레소리 요란해

아,
도깨비바늘*처럼 묻어온
고독 바이러스

*도깨비바늘 : 국화과의 들풀, 씨앗에 갈고리가 있어 옷에 잘 들러붙는다.

여울목에서

한평생을
풀 매긴 모시 입성처럼
꼿꼿하게 흘러가는 강이 있을까

한번쯤은
풀잎처럼 흔들리고
갈대처럼 출렁이며 생의 언덕을 오르겠지

협곡에서 곤두박질하고
여울목에서 몸부림치며
더러는 부서지고 깨지기도 하겠지

굽이지고 해진 강줄기도
언젠가는
생의 초록 바다에 이를 수 있을까

3

누가 이 찬란한 아침을 불러오는가

위로

말하지 말 걸
그대 아픔 안다고
어찌 속빈 대처럼 허황한 말로 위로하러 들었던가
뼈마디 자근자근 방망이질하고
육신이 허물어지는 이 고통을…
차라리 아무 말 말고 손이나 마주 잡아줄 걸

아는 척하지 말 걸
겨울 지나면 봄이 오지 않겠느냐고
대숲 훑고 가는 바람처럼 어찌 그리 허술히 대했던가
비접*도 제 살에 박히면 창살이 되고
영원히 얼음동굴에 박혀
헤어나오지 못하는 이가 있는 것을
차라리 모르는 척 등이나 도닥여 줄 걸

서투른 말과
초탈한 체 늘어놓는
설익은 훈계 대신
애 없는 나무 되어 등걸이나 내어 줄 걸
말 없는 바위 되어 비바람이나 막아 줄 걸

*비접 : '가시'의 사투리

여명의 문

 값없이 주어지는 건 없다. 설한에 허리 짓이기는 아픔을 겪고 청보리 더욱 푸르르며, 매운 꽃샘바람 훌치고 가면 홍매화 진홍 입술 서럽게 터뜨리듯이

 시베리아에 유형 온 수인(囚人)이 눈밭의 한 점 까마귀와도 소통의 창을 열고, 육신 바스러지는 고통을 겪어본 영혼만이 암흑의 숲을 건너 가까스로 희망의 언덕에 오르듯이

 여명(黎明)의 문은 주상절리에 뿌리 내린 풍란처럼 칠흑 같은 절망과 고독을 견뎌낸 자에게 선물처럼 열린다

누군가의 오두막이 되어

새벽을 때리는 소리
엷은 하늘을 찢으며 쏟아지는 우박이
잠을 깨운다
봄나들이 성급했던가
철 몰라 일찍 내민 진달래 새 순에
마마가 훑고간 듯
얽은 자국 무성하다
어디 이방의 꽃나무뿐이겠는가
버림받고 상처 입은 영혼과
헐벗고 보금자리 잃은 길짐승도
이 새벽에
해일처럼 덮쳐오는 불안에 떨고 있겠지
얼음비 죽창처럼 꽂히는
들판에 나가
멋대로 뻗어나간 도장지 거두고
누렇게 뜬 흙 한 손 개어
얼기설기 엮으니
삐뚤빼뚤 오두막이 일어선다
속말 나눌 이 없어 까맣게 속 탄 삼나무와
기댈 데 없어 헛손질하는 박넝쿨 들이니

매운 회초리 치는 들판이
군불 땐 아랫목보다 따숩다

누군가의 작은 오두막이 되어서일까
누군가와 등 기대어 온기를 나누어설까

비에 젖고 정에 젖어

오늘도 비가 내린다
정 많은 동네
외로움의 웅덩이도 깊은지

비가 오면 비에 젖고
눈이 오면 눈에 묻혀
설움이 불면 설움을 맞고
그리움이 밀려오면 그리움에 쓸려

젖은 걸음 곁에 젖은 가슴
빗물처럼 흐르는 눈물에 젖어
흔들리며 걷는
영혼들

물안개 자욱한 가로등 아래
나란히 서서
담묵화 풍경으로 잦아드는
가로수

내일 이 비 그치면
정 찰박이며
외로움의 물비늘 털어내겠지

사슴은 사슴끼리 기대어 산다

야생의 들이나
사람 사는 세상이나
순하고 여린 동물은 동물끼리
거칠고 사나운 짐승은 짐승끼리
무리를 지어 산다

사나운 발톱과 뽀족한 이가 퇴화된 사슴은
옛 영화를 이고
거친 숨소리 가득한 숲을 떠나
눈물 고인 웅덩이를 건너서
구름 띄운 하늘샘에
입 축이고
속이고 짓밟는 정글의 법칙에 밀려난
순한 눈망울로
욕망의 불 검게 그을린 들녘에
서로 등을 기대어
할미의 할미가 들려주는
호랑이와 사슴이,
사자와 토끼가 한데 뒹굴었다는
옛 이야기에 젖는다

검은 이끼를 벗은 대지는
초록 숨결을 토하고
숲은 뾰족한 대창을 갈수록 드높인다

어느 사슴도
송곳니 돋은 숲을 그리워하지 않는다

정

이 나이가 되면
사랑보다 정(情)이라는 말이 더 정겹다

뜨거운 여름을 가르고
느닷없이 쏟아지는 소낙비보다
비 다 그은 후
처마에서 쉬엄쉬엄 지는 낙수가,
연못에 피어나는 잔물결이 더 그윽해져

돌아서는 뒷모습이 쓸쓸해서 어쩌나
불꽃처럼　타버린 가슴을 어찌 달래나
망설이지 않고
허공을 맴돌다 무심한 척 스쳐가는 눈길의 떨림도
우연인 척 건네주는 찻잔의 훈훈함도
물리치지 못해

이 나이가 되면
날로 가벼워지는 종잇장 사랑보다
돌확처럼 갈수록 깊어지는 정이 더욱 그립다

빚

춥고 긴 겨울을 견디고 나니
산정까지 날아간 봄이 모자처럼 얹혀 있다
겨울은 어느 도랑, 어느 바위 틈새로 스며 들었을까

돌아온 다음 날부터
손전화가 울기 시작한다, 꽁꽁 언 몸을 털어내듯이
비운 새 밀린 원고
어서 채우라는 글 독촉인 줄 알았더니
여울목에 걸린 짚신처럼
허둥대는 날 걱정하는 안부 전화
오이씨만한 목숨을
삶의 지게에
생솔 나뭇단처럼 지고 허덕이며
하루 이틀
한 해 두 해
사랑빚이 쌓인다, 간밤 소록소록 내린 서설처럼

산정이 저 눈모자 벗어 던지기 전에
빚쟁이들 모시고
꽃배 띄운 막걸리에 꽃전 부쳐 빚잔치나 해볼까

밤이 두려운 그대에게

밤이 두려운 까닭은
끊임없이 출렁대는
욕망의 파도를 잠재울 수 없어서이다
밤바다에 등불을 밝혀 보라
매력과 교양으로 포장된 암수컷의 몸부림
상처를 안으로 삭이며 움츠러드는 조가비의 빈 입질
사치와 화려가 낳은 부유물이 내뿜는 악취
밤새워 쌓은 모래성을 향해
줄지어가는 물벼룩의 실체를 보리니

밤을 피하고자 하는 연유는
아집의 성에 갇혀
희망의 초록 언덕을 볼 수 없어서이다
먹물 같은 어둠에 몸을 담가보라
숨 죽이고 있던 작은 것들이
보석처럼 빛을 발한다
검은 휘장을 들추고 수줍게 나서는 아기별의 총명한 눈빛
은빛 베일을 쓰고 연가를 부르는 달님의 은밀한 유혹
분주함을 벗은 도시의 황홀한 불빛
욕망의 덫에 걸린

쇠약한 내면이 보이리니

그대,
밤에 머물라
그가 열어주는 자성의 문으로 들어서라
그가 펼쳐 보이는 새벽의 언덕에 올라서라

누가 이 찬란한 아침을 불러오는가

파드득 파드득
간밤에 밴 어두움을 터는가
뾰로롱 뾰로롱
허망한 새벽꿈 깨우는가
진홍가슴새 날아와
김 서린 차단의 벽을 쪼고

풀잎 가르며
들어서는 햇살조각
잔등에 매달린 이슬 꿰어
풀밭 가득
보석꾸러미 풀친 새

홀로 산통 겪은
백매화 두어 송이
명주바람에
은은한 풍향 실어
눈 먼 시객의
소맷자락을 흔드누나

누구일까
흐릿한 가객의 시계(示界)에
이 찬란한 아침을 불러들인 이

새벽을 기다리는 사람들

벼린 낫 같은
비원을 품고
어둠의 끝자락을 서성대는 이들

삶의 심해에 드리운
칠흑 어둠을
비집고 들어서는
한 줄기 광채를 본다

비록
이기적인 소망이라 해도
간절함이
소금처럼 녹아있고

비록
굴절된 빛이라 할지라도
채색 영롱한
내일을 담고 있어

먹물 뿌린 바다를 지키는

등대처럼
외로이 새벽을 기다리는 사람들

카르페 디엠*

과거는 화석 같은 것
숨결을 불어 넣어도
풋풋한 생명으로 되살리지 못하고
아무리 그리워도
앞서간 강물을 부여잡을 수는 없어
흘러간 명화처럼
가슴 아프게 추억할 뿐
석고처럼 굳어가는
슬픈 전설을 회상할 뿐

살아서 통통 튀는 오늘을 향유하라
파릇한 오늘을 과거의 분진에 파묻지 말라

내일은 환상 같은 것
누구나 소망하고 좇지만
손에 잡힐 만하면
저만치 달아나는 무지개처럼
열사의 사막에
홀연히 나타났다
가뭇없이 사라지는 신기루처럼

모래 거푸집 같은 내일을 믿지 말라
아무리 뜨거워도 오늘의 태양을 움켜 쥐어라

✽Carpe Diem : '오늘을 향유하라'는 뜻의 라틴어

시인의 숨결로

어느 누군가는
시인의 이름을 뱃지처럼 달고 싶어한다
얼마나 긴 밤을 하얗게 새어야 하는지
얼마나 가슴을 힐떡여야 하는지
알지 못한 채

어느 누군가는
월계관처럼 시인의 이름을 쓰고 싶어한다
얼마나 매서운 가시가 쏘아댈지
얼마나 무거운 사슬이 짓누를지
짐작도 하지 못한 채

초랭이* 날개옷 같은
이름보다
오월의 들판을 건너오는 바람마냥
시월의 장지문을 비추는 햇살마냥
다사롭고 싱그런
시인의 숨결로 살고프다

*초랭이: '잠자리'의 사투리

4
오월에 산다

그날 이후

그날 이후
갓 걸음마 떼는 돌잡이처럼
느리게 사는 법을
배운다

드라이브 5분 거리를
50분 걸려 걸어가고
종아리가 터질 것 같은 비행기 대신
굼시렁거리는 열차를 타고 가며
손뜨개질을 한다
정 없는 전자메일을 끊고
크리스마스 카드와 연하장을 띄우며
그리운 이들을 그리워한다

분주할 때는
그리 바쁘게 가던 시계바늘이
비척이는 날 닮아
더디 가누나

오월에 산다

오월에 서면
갓 시집 온 새색시가 된다
초록 저고리 붉은 치마 떨쳐입고
연록 들판에서 생명의 찬가 한껏 부르는

오월에 서면
갓 걸음마 떼는 아기가 된다
영롱한 무지개꿈 신고
끝없는 하늘로 힘차게 나래짓하는

오월의 바구니를 열면
푸르름과 싱싱함이
새로움과 설레임이
옹기종기 머리를 맞대고 있다

여린 잎새 간질이는 바람이 너무 상그러워
솜털 보송송 일우는 햇살이 너무 야들해
봄여름갈겨울 없이
찬란한 오월에 산다

영혼의 자유

더 이상 개미핥이처럼 바닥을 훑지 않아도 된다
11월 21일 새벽 두시
밥 공기에 고무 밴드처럼
부엌 바닥에 지렁이처럼
꿈틀거리던 머리카락을 일시에 퇴치했다

더 이상 허세와 위선을 부리지 않아도 된다
속 빈 대궁이를 모자로 감추고
허연 귀밑머리와
엉성한 꽁지머리를 늘이며
짙은 화장으로 활기를 가장해 왔으련만

김 서린 거울 속에
홀연히 나타나는 삭발 여인
마흔이 되면
늙고 초라한 모습 들키지 않고
깊은 산중 숨어들어 비구니 되렸더니

쉰다섯 살고서
인생사 초월한 듯 거드름 피우다 만난

뜻밖의 손님
스승으로 맞아
면벽하고 동안거에 든다

육신을 무간지옥에 떨군 영혼이
무한 천공을 자유로이 나닌다

외줄 타는 광대 · 1

먹구름이 끼어도 휘청
실바람이 불어도 휘청

외줄 타듯
위태로운 이역의 삶

바로 설 만할 즈음
덮치는 암(癌)의 도포자락

동아줄이라 여긴 목숨
거미줄에 걸린 나방처럼

허둥대는 마음
기댈 데 없어 버둥버둥

산으로 바다로 내달려도
벗어나지 못하는 병마의 덫

희다 못해 파리한 수술대에
파닥이는 날개를 접고

하나 둘 셋…
소멸되는 의식

차디찬 메스의 날이
꽃멍든 가슴을 헤집는 새

검은 탈 쓴 혼이
하얀 골짜기 너울너울 날다가

애절한 기도에
후욱
트이는 명주실 숨결

외줄 타는 광대 · 2

거미줄같이 가늘어진
목숨줄을 탄다

햇볕 30분
운동 1 시간
맛있는 것 실컷 먹고
하하호호 웃으며 살란다

반공에 치솟은 외줄 타는 비법
정말 그게 다일까

단 것
붉은 고기
유류제품 가리고
유기농에 채식만 하며

울컥하는 성미 다잡고
조급증도 다스리다 보니

태교하는 임산부에

출가한 수도승 되어

얼름산이*마냥
버선목 질끈 매고

거미줄같이 가늘어진
목숨줄을 탄다

*얼음산이 : 줄 타는 광대

바다로 간 달팽이

본향을 찾아가는 걸음
더디기도 하여라

보드란 감성의 살갗 해지고
하늘 담던 눈빛 트미해져도

진흙탕 건너고
자갈밭 기어서

슬픔의 늪에 젖은 별빛과
회한의 골에 드리운 달빛에 기대

여물지 못한 달관의 딱지를 이고
어눌한 분별의 더듬이로
해캄내 풍기는 바다로 향한다

무욕의 강이
흘러흘러 닿는 곳

무색의 빛이
폭포처럼 쏟아지는 곳

무념무상의 법열이
파도처럼 남실거리는
해탈의 바다에

번민의 굴레를 벗은 민달팽이
온몸을 던진다

달팽이의 꿈

한여름날
뜨거운 뙤약볕에서도
지름길을 탐해 본 적 없어
발 타지 않은 길이 재미있거든
간밤에
거미가 걸어둔 덫을 걷고
혼자 깨어나
훌쩍이는 풀잎의 눈물을 닦아주는 것도
포르스름한 새벽길에
참깨씨 같은 개미 줄지어가는 걸 보는 것도
잠든 숲이 일어나
풍경화 퍼즐을 맞추는 재미도 쏠쏠하거든

무겁지 않느냐구,
십자가처럼 지고 다니는 집이?

겨우 등 기댈 만하고
들고 다닐 만큼 가벼워야지
눈비 올 때 잠시 비 긋고
떠나고플 때 훌쩍 떠날 수 있거든

물 찾아 헤매고
옷 짓느라 발 멈출 필요 없어
물 한 방울, 흙 한 톨
동무들 눈인사면 너끈히 살아지거든

발 없는 배로
왜 자갈밭과 진흙탕을 쓰리게 건너가느냐구?

머언 먼 옛날
우주가 어머니 자궁처럼 물에 찰랑거릴 적
고동을 지고
바다를 헤엄쳐 다니던 소라의 기억
실낱같이 남아있는
유전자 속 그 기억을 헤집으며
해캄내 따라
더듬더듬 바다를 찾아가는 길이거든
소망을 걸망에 지고
느릿느릿
본향으로 돌아가는 중이거든

무요일

사람이 사는 게
근심덤불에 코 박고 사는 거라지만
오늘 하루만이라도
고개 들고
푸른 하늘 건너오는
달큼한 향내 맡으며 살고파
세상사 덮어둔 채
운동화 끌고
무심히 나선 길에서
익은 얼굴들이 새롭게 다가온다
허리 굽혀 절하는 물망초
울 너머 기어 오르는 완두콩 줄기
발갛게 달아오른 햇무리
허랑히 흘러가는 구름떼가
퍼석한 가슴을 헤집고
차곡차곡 들어와
성글게 꽃을 피우더니
탱글한 이삭으로 익어간다
아무 것도 한 일 없는 무요일(無曜日)이지만
오늘 지나고

내일이 오면
척박한 가슴밭에
나락의 황금물결 출렁이겠지

밴쿠버 연가

태평양 거친 바다 헤쳐온
풍랑도 잠재우고
알래스카 높은 묏부리 들추던
바람도 순해지는
바다 건너 첫 동네

나래 젖은 기러기도
상처 입은 너구리도
포근히 깃들어
다사로운 정 나누며 사는
늘 푸른 고향

비가 오면 솔깃이
초록 모판이 되는 바다를 안고
눈이 오면 산할아범
흰 수염 날리며 지긋이 굽어보는
동화 속 마을

다른 사량(思量)
다른 방언(方言)

다른 기구(祈求) 담은
색색가지 룽다가 나부끼는
집시들의 해방촌

가슴 속 그리움
무지개빛 시로 토해놓고
애오라지 사랑은
해바라기로 꽃피우는
예술인 부락

꽃이 되고 시가 되겠지

어둠 속을 헤매고 있을 때
나 여기 있어요
작은 촛불을 밝히고
절망의 동굴을 환히 비춰주던 너

고통으로 몸부림칠 때에도
나 여기 있어요
실팍한 지팡이 되어
진흙탕에서 허우적대는 등을 세워주던 너

행여나 새어 나갈까
신음을 깨물며 몸부림을 짓누를 제
가슴팍을 파고들며
들숨과 날숨이 되어 준 너

이 겨울 다 가고
어깨 바람 출렁이는 봄이 오면
향기 그윽한 꽃으로 피어나겠지
씁벅한 가슴 달래는 시로 영글겠지

속마음

한겨울
병원걸음에 묻어온
튤립 알뿌리

뒤늦은 2월
두 줄 횡대로 심어두고
아침 저녁 눈맞춤

배실배실 눈 튼 깜냥에
실팍하게 피어난
항아리꽃

야물게 다문
호롱 속에 꽃심지
어디 숨겨 두었을까

삼베 조각보

시간의 씨줄에
고뇌의 날줄을 매어
얼멍얼멍 짜낸 베가 삼베인들 어떠랴

검버섯 핀 피륙이라도
볕 바른 데 널어두면
보얗게 바래지 않을까

꺼칠한 삼베천이라도
치자물 고웁게 물들이면
푸석한 가슴도 달막이지 않을까

돋보기 쓰고 귀 닳은
삼베조각들을 붙여 베니
미운 정 고운 정이 나란히 누워있다

5

환절기

반란의 봄

봄은 어디에서 오는 걸까
놀미윰한 들에게 물으니
저 수채화 물감빛 하늘에서 오지
연둣빛 혀로 답한다
아니야, 샛바람이 봄내를 싣고 와 겨울을 휘적여 놓던데
회색빛 가신 하늘이 고개를 젓는다
웬걸, 나비처럼 팔랑거리는 여인네 옷자락에서 묻어나는 거야
바람이 속삭인다

뾰초롬 연둣빛 혀를 물고 있는 들과
한결 가벼워진 하늘빛,
향내를 품고 있는 봄바람이
정숙한 여인네를 꼬드겨 일으킨 반란인 걸

어드메서 오는지
어느메쯤 떠나갈지
아지 못하는 봄이 시비(侍婢)처럼 다가와
분홍, 노랑, 연두, 주홍
색동옷을 입혀준다
들녘에 아지랑이 가르릉거리고
뜨락에는 반란의 흔적이 낭자하다

봄볕 아래

사월이 되면
가슴팍을 파고드는
꽃샘바람 한결 누그러져
뜨락에 내려섰더니
한동안 버려두었던 묵정밭이 눈에 들어와
따스한 봄볕 아래
아이와 함께
버슬거리는 흙덩이 고르고
굴러 다니는 돌멩이 걷어내다
다스한 볕 깃들지 못하고
고운 사랑의 시 흐르지 않는 마음내를 돌아봅니다
희망 한 줌
인내 한 삽으로 이랑 짓고
사랑 한 톨
용서 한 포기
행복 한 그루를 심어 다독입니다
너무 이르지 않게
너무 무성하지도 말고
작은 별꽃으로 피어나기 소망하며
마음의 텃밭을 일굽니다

봄덮밥

텃밭에 혀 내민 햇미나리
돌나물
머위잎
참나물
들판에 갓 눈뜬 꽃다지 순 따서
밥 한 주걱 얹고
들기름 방울 떨구어
쓱쓱 비비니

입안 가아득 퍼지는
고향의 내음

꽃잔디

하늘 가는 길
꽃잔디처럼 나직이

응어리진 마음
소지처럼 태운 후

초롱꽃 켜들고
하늘 문 두드리네

환절기

계절의 꽃이 피고 지는 사이
슬몃 끼어든 환절기
오다 가다 생긴 터에
정실 소생을 제끼고 활개를 친다
달력 따라
넘어가야 할 절기가
굽은 해안선을 도는 기차처럼 느려
겨우내 품었던 봄꿈 보퉁이를
언제 실어 내갈지
콧물 훌쩍이며 기침을 토해도
계절의 사생아는
선뜻 떠나려 하지 않는다
오월 끝자락에
실종된 봄을 찾아 헤매다가
녹색 온실에 숨어있는
풋여름의 끈적거리는 추파에
못 이기는 척
옷고름을 푸는 버드나무 수술
황사바람 부는
누런 환절기에도

살아있는 것들은
사랑 알러지에 감염되어
붉은 열꽃을 피우고
피가 나도록 온몸을 긁적여댄다

텃밭 내리사랑

후덥지근한 바람이 불면
밥 한 톨 입에 넣지 못한 소녀를 위해
먼죽거리 밭에서
손톱이 뭉개지게 김을 매다
석양을 지고 돌아온 어머니가
텃밭을 기웃거리고
저녁 밥상에 어김없이 풋것이 올라왔다
갓난아이 손가락 같은 고추에
연보라 물이 주루룩 흐르는 가지
자주 살갗 밑에 연두 속살을 감추고 있는 고구마 순까지
어느 것도
소녀의 입안에 도는 비린내를 지우지 못해
어머니는 여윈 가슴을 발딱이며
단풍잎 같은 깻잎을 뜯어
얄프레 부침개를 지져냈다

이제 그 소녀 자라
여름도 안 타는 천한 어미 되어
턱수염 거뭇거뭇한 아들 입맛을 돋우려
텃밭을 서성거린다, 그때의 어머니처럼

발레리나복 같은 꽃상추
윤기 자르르한 깻잎에
머무는 눈길을 빗겨
보랏빛 성근 꽃 달고 있는 부추를 베어온다
식탁에는
고소한 사랑으로 부쳐낸 부추전과
모정으로 지져낸 깻잎전이
나란히 놓여있고
머릿수건 동여맨 젊은 어머니와
눈가에 잔주름진 소녀가
모지라진 부추꽃 머리를 맞대고
흐뭇이 웃고 있다

유월

1.
갓 구운 센베처럼
바삭바삭한 햇살

불면의 숲을 건너

누렇게 뜬 마당에
펜촉처럼 꽂혀있다

2.
고양이 발톱처럼
웅크린 잎새들

번민의 망 벗고

일제히
초록 기지개를 켠다

3.
아침에 피어나
저녁이면 스러지는

나팔꽃처럼

질긴 소망의 덩굴손을
뻗어
생의 울을 기어오른다

4.
유월의 마당에는

언젠가는 떠날 줄 알면서도
오늘을 몸서리치게 살아가는

풋것들의
옹골진 함성이
가득하다

늪, 그리고…

1. 늪

팽팽한 햇살이
해묵은 녹갈색 적삼 속을 헤집어도
곰삭은 사연 털어놓지 않는
적요의 여인

안개와 우박
먹구름과 된서리 녹여내어
생명의 길쌈질하는
태초의 모성

2. 개구리밥

진달래 피고 지는 고향 떠나
어디서든
꿈의 두레박 드리우는
부평초(浮萍草)

이방의 설움

까아만 씨눈으로 익혔다가
실비 간지럼에 터진
폭소

3. 소금쟁이

허무의 덫에 걸렸을까

정념의 파문에 갇혀
돗바늘처럼
꽂혀 있는 그림자

찰나의 미학일까

여름을 뜨겁게 살아낸 등에
수북이 앉는
태양의 그을음

4. 수련

깊이를
가늠할 수 없는
번뇌의 수렁에서 피어나는
관세음(觀世音)의 현신

두께를
잴 수 없는
망념의 바위 틈새 피어나는
법열(法悅)의 향불

5. 초승달

밤이 되면
푸른 쪽배가 되는

은빛 별이
꿈의 돛을 펴고
은하수 강을 흘러흘러

신비의 나라를 찾아간다는

동심을 낚는
시인의 밤샘 낚시질

6. 여름밤

활활 타오르는
태양 같은 사랑도

펄펄 끓는
용광로 같은 번뇌도

온밤을 지새우게 하는
열꽃 같은 환멸도

문득 놓아버린
늪이
열반에 드는 시간

가을이 오는 소리

초록 잎새 무성하던 숲이
여위어가면
거친 바다 건너온 솔개바람이
넉넉해진 들판에서
잠이 든다

때로는
물기둥 일으키는
고래의 꿈을 꾸느라
거친 숨을 내뿜고
때로는
하이얀 설원에서
시퍼런 한을 만났는지
부르르 떨기도 하지

바람이 뒤척일 적마다
푸른 꿈이 배어드는
들녘에서
금빛 비늘 돋아난
물고기가
가을을 유영한다

낙엽 하나, 낙엽 둘

누가
낙엽을 두고
지는 잎이라 했던가
분망한 초록 지게 벗어놓고
자유 향해 날아가는 유연한 몸짓인 것을
바래지 않으면
고운 단풍 싣지 못하고
비우지 않으면
푸른 하늘 우려내지 못하는 것을

누가
지천명을
가는 세월이라 했던가
갈망의 옷 벗고
오롯한 소망 비추느라 더딘 것을
혼돈의 정열을 누르고
오로지 한 곳만 바라보며
바스러진 살점 모아
정갈한 영혼의 옷으로 갈아입는 것을

밤톨 영그는 날에

한 열흘 새
짙푸른 녹음 헤적이던
가을볕이
보오얀 속살을 익혔는지

가시 주렁주렁 달고도
지켜내지 못한 비밀을
언뜻 부는 하늬바람 자락에
밤톨로 토해 놓고서

푸석거리는
바닥에 굴러가며
기인 하늘자락 품고
영그는 상념

사계를 보내고
또 하나의 계절을 맞으며
어제의 추억 대신
내일에 사는
소망을

여물게 익혀 내노라면

성근 밤톨이
두툼한 명상의 외투를 걸치고
단단한
속사람으로 태어나겠지

또
한 담금질 후에

함박눈

이른 아침
여명이 사위기 전
함박눈이 나리네
서툰 솜씨로 타는 하프 연주처럼

눈송이 사뿐 눈썹에 걸터앉아
들려주는 사랑의 시
풍성한 가을이 떠난 후
서걱대는 수세미 가슴에
촉촉한 서정으로 스며 오늘의 창을 열고

하늘한 나래짓으로 피어올라
속삭이는 정결의 기도
넉넉한 가을이 물러간 후
잔바람 몰고 뒤척이는 빈 뜨락에
영욕의 그을음 닦아내고서

함박눈
소복이 나리는 날에
하얀 새 사람으로 태어나
오늘의 계단에 오르네, 서툴지만 설레임으로

6

행복하려거든 떠나라

억새

황혼을 밟으며
날아드는
백로의 무리

무욕의 바다에
일렁이는
파랑

모시옷 갈아입고
하늘하늘 길 떠나는
영혼의 귀향

바보가 되어간다

저 산은 내게
지자(智者)가 되라 하나
나는 날마다 바보가 되어간다
애증의 허리끈도 풀어놓고
부귀공명의 관도 내려 둔 채
애환의 옷마저 벗는다
손을 휘휘 저어 걸릴 것 없고
한껏 날아도 막힘이 없는
무한 자유 공간을 난다
저 산에 올라
바람 악보가 들려주는 노래 한 소절을
내 가락 내 장단으로
목청껏 부르는 후련함을 아는가
실바람이 엿듣다가
양떼구름에게 띄워주고
앞산이 푸른 메아리로 답해 주면
가슴에 환한 꽃등이 켜지는
나,
산에 들면
천상의 바보가 되어간다

여백

바람이
빈 들녘을 흐르고
새싹이
성근 흙을 비집고 자리를 잡는다

불끈 쥔 주먹이
허망한 탐욕을 품고
사각의 링을 맴도는 사이
푸석한 구름은
해질녘 빈 하늘가를 맴돌며
고운 놀을 우려낸다

빈 터를 서성이며
무엇을 심을까 궁리하다가
소망이 많은 것도
탐심이라
꿈의 화선지에
드리운 붓을 거두니

빈 마음에
예(藝)와 술(術) 자유로이 넘나들고
빈 머리에
사유(思惟)의 물줄기 분수처럼 솟구친다

산모롱이 돌면

산 모롱이 돌면
갓 길쌈한 삼베 같은
산자락이
굽이굽이 펼쳐지고
산골 가득 메운 안개가
근심처럼
헛된 망상처럼
울컥울컥 풀어진다

누군가
이고 지고 왔다가
부려놓고 간 사연들이
사태처럼 흐르는
산기슭에
긴 밤 하얗게 지새운
성에가
또아리를 틀고 돌탑에 서려있다

고개 너머에서 날아온
초록 풀씨

돌탑에 지긋이 기대어
천 년 성상
녹으락 쌓으락
서슬 퍼런 빙하를 품고
소름을 털어내면

산그림자 스멀스멀 기어오르고
부엉이 울음소리 빈 산역에 울린다

이름 없는 별

사람들은
이름을 탐낸다

이름 없는 들꽃이라 하여
그 향기 눅으며
이름 없는 별이라고
빛이 쇠하던가

이름을 달면서
인식의 감옥에 갇히고
관습의 틀에 눌려
영화(榮華)의 안개성에 홀린다

인식표 내던진 사체처럼
자유와
순수의
알몸으로

깜깜한 밤하늘의
이름없는 별이 된다

게 어디, 사람 없소

어디를 가도
쏟아지는 인간의 폭포
교양의 탈을 쓰고
문명의 옷을 걸치며
자존의 관을
추켜 쓰는
그들에게서는 사람 냄새가 나지 않아
땅에서 막 퍼낸 황토에
짚 숭숭 썰어
아무렇게나 뒤섞은
토담 같은 이 어디 없소
보아주지 않아도 피어나고
듣지 않아도 노래하며
우러르지 않아도 푸르른,
찾는 이 없어도 거기에
비우고 퍼내도
스스로 채워지는
들꽃 같고 새 같고 하늘 같은
그런 사람 없소

그만큼

나무와 나무 사이에는
그리움의 거리가 있지

바람이 깃들어
설레임의 현을 켤 만큼

조각볕 스며들어
풋사랑 발갛게 익혀낼 만큼

세월의 낙엽 지면
구수한 추억으로 뜸 들일 만큼

나무와 나무 사이에는
침묵의 징검다리가 있지

들키고 싶지 않은
비밀의 들창을 달아낼 만큼

절망의 늪에서
스스로 몸 일으킬 만큼

하늘 우러러
널 위해 푸른 기도 올릴 만큼

그만큼에서 그윽이 그리는
나무 사랑이고 싶어라

시는

시는
고통 중에 피어난 꽃

슬픔 없이
어찌 그리 영롱하랴
아픔 없이
어찌 그리 지고지순하랴

시는
불멸의 사랑 노래

생로병사를 담고
영원으로 달리는 갠지스강처럼
천 년의 혼을 깨우는
가시나무새 통곡마냥

탐욕

탐욕은
허기에서 온다

행복의 곳간이 비어있는 이들은
사막에 서있는
선인장처럼 늘 목 말라
빈 대롱에 채워야 할 것은
한 줄금 사랑
한 줄기의 자유
한 조각의 꿈이련만
미식과
미명(美名),
재물의
개미지옥으로
한없이 끌려들어가

탐욕의 사막에
오아시스란 없다

홍어

갑판에 끌려와 누운 홍어가
해벌쭉 웃고 있다
등을 잔뜩 웅숭거리고
빈 쌀독을 긁던 어머니도
늘 웃고 있었다
실눈가에 잘디잔 물이랑을 단 채

비늘 없는 홍어는
뼬이 없는지
따개비 독 오른 바위를 훑으면서
넙적한 상호를 찡그리지 않고
흙탕물 깝치는* 심해에서도
나풀대는 춤을 멈추지 않는다
애살* 없는 홍어는
썩어도 썩지 않는지
곧추 세워본 적 없는 뼈가 노근거리고
애가 다 흐물대도록
냉골 부뚜막 단지 안에서
간기를 삭이다가

수묵빛 안개가
살강*에 얼레빗 그림자 드리우면
먹물빛 갯벌에
질펀하게 빠져있을 망둥어를 위해
정화수 사발에
꼬독거리는 몸을 기댄다

*깝치는 : 방정맞게 까불다
*애살 : 이익을 좇아 덤벼듦
*살강 : 부엌 벽에 걸린 시렁

행복하려거든 떠나라

삶이 무료해지거든
길에 나서라
흰 구름이 푸른 바다에 이름없는 섬처럼 떠있고
길섶에 핀 들꽃이 어릴 적 동무 얼굴처럼 미소 지으리라
산들바람이 아련히 잊혀진 첫사랑처럼 다가와 입맞추고 달아나면
어제와 같은 오늘의 나른함도
내일에 대한 의혹과 망설임도
소낙비에 씻긴 듯 개운하고 산뜻해지리니

삶이 싱거워지거든
돌아오지 않을 듯 먼 길을 떠나라
지도에도 나와있지 않은 외진 곳에서 제 그림자 벗하며 타박거려 보고
산 겹겹 물 첩첩 두른 골에 제 발자국 소리만 되울려오는 홀로감에 젖어보라
낯선 길의 그물에서 놓여날 즈음엔
홀로여도 외롭지 않으며
낯설어도 두렵지 않아
살아있음이 짜릿하고 팽팽한 행복으로 다가오리라

| 해설 |

고독의 터널을 거쳐 해탈의 바다로

백 수 인

(시인, 조선대학교 교수)

 김해영 시인. 그와 나는 대학 동기다. 같은 강의실에서 4년을 보냈다. 나는 6번이었고, 그는 7번이었다. 그리고 우리는 같은 문학동아리에서 문학청년 시절을 함께 보냈다. 지금도 그를 떠올리면 스무 살 적 해맑은 웃음소리와 초롱한 목소리, 그리고 기다랗게 늘어뜨린 머리에 동그란 얼굴 모습이 나타난다. 함께 했던 시간이 참 많았던 친한 동무였다. 교정의 플라타너스 아래 벤치에서 함께 바라보았던 낙엽들과 운동장에서 학운동으로 넘어가는 고갯길에서 함께 보았던 반딧불이가 떠오른다. 극락강 옆 언덕에서 내려다보는 기차의 느린 걸음과 임업시험장 울창한 나무들 사이로 불어오던 상큼한 바람결도 생각이 난다.
 80년대 초였을 것이다. 그가 중앙대부속여고에서 아이들을 가르치고 있었을 때 서울에서 한 번 만난 기억이 난다. 그날 밤 그의 남편과 함께 취하도록 마셨었다. 이후로는 별로 서로 만날 기회를 갖지 못하고 시간이 흘렀다. 나는 항상 그가 거기 그대로 국어 선생님으로 있겠거니 했다. 그런데 그렇게 20년이 훌쩍 지난 새 세기의 문턱을 갓 넘은 어느 날 전화가 왔다. 반가웠다. 중년이 되어 만났지만 얘기를 나누다보니 마음은 금방 20대로 돌아가 있었다. 태평양 건너 캐나다에서 살고 있고, 아버님께서 작고하셔서 잠시 귀국했다고 했다. 그리고는 얼마 후에 첫 시집을 부쳐왔다. 그때서야 그가 시인이 된 줄 알았다.

그런데 작년 11월 어느 날 한 통의 이메일을 받았다. 두 번째 시집을 내겠다며 몇 편의 시를 골라 보낸 것이다. 시를 읽고 심상치 않은 일이 있었다는 걸 직감했다. 암 수술을 받은 후 투병하며 쓴 시들이었다. 지금까지 인류에게 암이란 곧 '죽음'으로 통하는 길로 인식되어왔기 때문에 아무리 삶에 초연한 사람이라도 두려움에 떨게 마련이다. 이런 상황에서도 시 창작에 시간을 기대고 치열하게 작품을 써 온 걸 보면 정말 대단하다는 생각이 들었다. 그래서 그의 얼굴은 당장 만나볼 수 없지만 그간의 작품들을 찬찬히 읽으면서 그의 작품에 투영된 투철한 시 정신으로서의 그를 다시 만나보고자 한다.

> 몰래 숨어들어
> 악의 꽃을 피우고
> 고요한 마음 밭
> 엉겅퀴덤불처럼 헝클어놓은 놈
> 탱자가시 울 넘어

늪지대 건너고
너른 초원 지척에서
발목 거머잡는 파리지옥풀 같은 놈
놈을 찾아 나선다
건성으로 쓴 일기 갈피에 꽂힌
헤아리지 못한 마음과
돌보지 못한 시간들이
찔레덤불처럼 아우성치고
무르익지 못한 글 행간에 숨은
송곳처럼 뾰족한 독설과
진리에 닿지 못한 궤변이
파리지옥풀처럼 물고 늘어지는데
어쩔 것인가
악의 씨 뿌렸으니
독 오른 가시도 품어 다독일밖에
　　　-「악의 꽃」중에서

 이 작품의 제목은 프랑스의 시인 보들레르가 남긴 유일한 시집의 제목과 같다. 보들레르는 자신의 시집 「악의 꽃」을 "세상의 모든 고통을 담아 놓은 사전"이라고 했다. 보들레르는 자신의 인생을 '저주'라고 생각하며 산 시인으로 알려져 있다. 따라서 이 시의 제목은 '고통', '저주' 등의 부정적 의미를 환기한다.

 이 시에서 '놈'은 암을 비유적으로 드러낸 것이다. 즉 '트리플 네거티브 캔서'를 의인화한 것이다. 시인의 전기적 사실을 모른다면, 그리고 '트리플 네거티브 캔서'라는 말만 없다면 '놈'은 매우 다양한 상징적 의미로 해석될 수 있는 부분이다. 이 텍스트에서 '놈'의 행위는 다음 몇 가지로 정리된다. 몰래 숨어듦, 악의 꽃을 피움, 고요한 마음 밭을 헝클어 놓음, 발목을 거머잡음 등이다. 화자는 이 지독한 존재를 찾아 나선다. 그러나 이 이미 개화된 '악의 꽃'의 원인은 결국 자신에게 있음을 발견한다. '헤아리지 못한 마음', '돌보지 못한 시간들', '독설', '궤변' 등이 그것이다. 따라서 '놈'을 찾아서 그 죄 값을 치르게 하는 것이 아니라 "품어 다독일 수밖에" 없다는 것이다. 이처럼 이 시는 외부에서 잠입한 물리적 현상을 정신적으로 내면화하여 화해에 이르게 함으로써, 파토스(pathos)적 갈등과 격정을 서정적 조화로 변환시켜 놓은 것이다. 이를 가능하게 한 수사적 장치로는 식물성 이미지의 도입을 들 수 있다. "엉경퀴덤불처럼", "탱자가시 울 넘어", "파리지옥풀같은 놈", "찔레덤불처럼 아우성치고", "파리지옥풀처럼 물고 늘어지는데" "독 오른 가시도 품어 다독일밖에" 등의 예에서 볼 수 있다.

> 가는 혈관에 구멍이 뚫리고
> 찬 액체가 전류처럼
> 몸속을 타고 흐르면
> 책을 펼쳐 든다 - 히말라야, 40일의 낮과 밤
> 웅장한 설산이 열리고
> 어느 새 만년설 위를 맴도는 까마귀가 된다
> 삶의 종착점은 죽음
> 깨달음은 결국 죽음에 대한 해탈

철학을 하는 사이
약 주머니 하나가 비고
손과 발에 채워지는 얼음 수갑
동토의 땅에 서있는 듯
빙산에 오른 듯
매운 현실로 돌아와
새로 들어온 이웃을 넘어다 본다
　　　　-「병사와 순례자」중에서

 이 작품은 병실에서의 생활 체험을 그린 것이다. 고통을 견디며 지내는 암환자들을 '병사와 순례자'로 은유했다. 병사는 병마와 싸워 '죽음을 이기려는' 환자이고, 순례자는 '삶을 철학하는' 환자를 말한다. 화자는 고통을 잊기 위해 잠시 정신적 외출을 한다. 독서를 하면서 그 책 내용 속에 침잠하는 것이다. 책 속의 '설산'은 현실의 '얼음수갑' '동토'와 '빙산'으로 은유화 된다. 특히 '만년설 위를 맴도는 까마귀'가 된 화자는 "삶의 종착점은 죽음", "깨달음은 결국 죽음에 대한 해탈"이라는 철학적 명제를 생각한다. 여기에서 "까마귀"가 환기하는 상징적 의미와 죽음에 대한 화제는 조화를 이룬다. 결국 '죽음'이 문제가 된다.

 '죽음'은 '삶의 종착점'이며, '깨달음은 결국 죽음에 대한 해탈'이라는 것이 김해영이 갈파한 생사관이다. 죽음이 '삶의 종착점'이라는 인식은 죽음을 '현존재의 종말'로 본 하이데거와 비슷하지만, '죽음에 대한 해탈'을 제시한 점은 죽음에 대해 영원한 자유를 획득한 경지인 것이다.

타닥타닥 빗줄기가 새벽을 깨운다
긴 밤 어두운 골목을
누비고 다니는
야경꾼의 얕은 기침소리
저 짙은 절망 끝에는 여명이
혼란의 뒤에는 평온이
기다리겠지
아무도 손 내밀지 않은
절대고독의 문을
옹이 박힌 손으로 또옥또옥 두드린다
　　　　　-「11월의 첫날」중에서

뱀의 혀처럼 휘감던
방사선이 걷히면
붉은 화인 찍힌 가슴을 안고
방을 나서는데
귀 속에 때 아닌 풀벌레 소리 요란해
아,
도깨비바늘처럼 묻어온
고독 바이러스
　　　　　-「절대고독의 방」중에서

　값없이 주어지는 건 없다 설한에 허리 짓이기는 아픔을 겪고 청보리 더욱 푸르르며 매운 꽃샘바람 훑치고 가면 홍매화 진홍 입술 서럽게 터뜨리듯이 / 시베리아 설원에 유형 온 수인(囚人)은 눈밭의 한 점 까마귀와도 소통의 창을 열고 육신

바스러지는 고통을 겪어본 영혼이 암흑의 숲을 건너 가까스로 희망의 언덕에 오르듯이 / 여명의 문은 칠흑 같은 절망과 주상절리에 뿌리 내린 풍란의 고독을 견뎌낸 자에게 선물처럼 열린다

-「여명의 문」중에서

「11월의 첫날」은 전체적으로 고독의 정서가 지배적이다. 화자는 새벽이 되도록 깨어 있어서 "긴 밤 어두운 골목을 누비고 다니는 야경꾼의 얕은 기침소리"를 듣는다. 그리고 '절망 끝에는 여명이', '혼란의 뒤에는 평온이' 온다는 신념을 갖게 된다. '절망'은 키에르케고르적으로 말하면 '죽음에 이르는 병'이다. 기독교적 실존주의자인 키에르케고르는 이 병으로부터 치유되는 것이 기독교인들의 행복이라고 했다. 그러나 김해영은 '절망'의 끝에 '여명'이 온다는 깨달음을 제시한다. 그런데 이러한 '깨달음'은 '절대고독'이라는 상황 속에서 이루어진 것으로 보인다. '절대고독'은 김현승의 '견고한 고독' 이후에 낸 시집이며, 그 시집에 실린 시 작품의 제목이다. 김현승의 '절대고독'은 절망적인 고독이 아니라 인생과 시가 완성되어 가는 새로운 자신의 모습을 재발견하는 계기가 되는 내적 조건을 말한다. 즉 고독은 인간에게만 있는 인간의 특권이다. 김현승은 「절대고독」에서의 고독은 절망적인 고독이 아니라고 전제하고, 이를테면 '부모 있는 고아와 같은 고독'이며 '고독을 표현하는 것은 나에게는 가장 즐거운 시 예술의 활동이며, 윤리적 차원에서 참되고 굳세고자 함이다'라고 했다. 「11월의 첫날」에서 "아무도 손 내

밀지 않은 / 절대고독의 문을 / 옹이 박힌 손으로 또옥또옥 두드"리는 화자의 행위에서 김현승이 말한 '군셈'이 드러난다.

시인은 방사선 치료실을 「절대고독의 방」으로 인식한다. 치료가 끝나고 이 방을 나서는 화자의 귀에 '풀벌레 소리'가 들린다. 화자는 이를 두고 그 동안 견뎌온 「절대고독의 방」에서 묻어온 '고독 바이러스'로 치부한다. 이러한 '고독'의 과정을 거친 후에야 비로소 깨달음을 얻게 되고 희망의 빛이 내리 쬐는 새로운 세계로의 이행이 가능하다. 「문」에서처럼 "육신이 바스러지는 고통을 겪어본 영혼이 암흑의 숲을 건너 가까스로 희망의 언덕에 오르듯이 // 여명의 문은 절망과 고독과 두려움을 견뎌낸 자의 앞에 스스로 열린다."는 깨달음에 다다른 것이다.

> 어머니 자궁 같은 고치 속에서
> 누에는
> 고운 꿈을 꾼다
> 하얀 나비가 되어
> 초록 배추 잎새를 뒤적이는 꿈,
> 잠자리 날개를 달고
> 붉은 꽃술을 넘나드는 꿈,
> 알록달록 무당벌레 되어
> 하늘한 창포 줄기에 대롱이는 꿈
> 넉 잠을 자고
> 내려오는

누에의 꽁무니에
　　눈부시게 흰 소망이 하늘까지 닿아있고
　　섶에는
　　쪼글쪼글 허물만 남아있다
　　-「섶을 내려오며」 중에서

　　누워 있는 건
　　죽음의 그물이 덮치기만 기다리고 있는 게다
　　관절을 파고드는 송곳 아픔이
　　정강이 아래로
　　물처럼 흘러간다
　　바람에
　　육신이 풍화되는 걸
　　냉연히 바라본다
　　　　　　-「육탈」 중에서

　「섶을 내려오며」에서 '섶'은 항암치료실을, '누에'는 환자를 은유한다. 누에가 섶에서 뽕잎을 받아먹고 넉 잠을 자고 나서 섶에서 내려오는 것처럼 환자는 항암치료실에서 항암치료제 주사를 맞으며 긴 잠을 자고 치료실에서 나온다. 누에의 고운 꿈으로 표현된 장면은 환자의 소망을 비유적으로 표현한 것이다. 그리고 이 작품의 시점은 '누에'를 주인공으로 채택하는 3인칭이다. 이는 항암의 고통을 객관화하여 감정을 서정화하는 기능을 한다.
　「육탈」은 1인칭 시점이지만 그 시선은 '초탈'에 해당한다. 화자는 아픔을 예견하여 기다리며, "관절을 파고드는 송곳아픔이 / 정강이 아래로 / 물처럼 흘러간다"고 담담히 진술하고 있기 때문이다. 그러나 이 고통이란 '육신의 풍화'로 표현되는 엄청난 것이지만, 이 고통을 '냉연히' 바라본다고 한다. 이러한 시적 진술은 고통 자체를 객관화한 극복 정신의 표출이라고 할 수 있다.

> 드라이브 5분 거리를
> 50분 걸려 걸어가고
> 종아리가 터질 것 같은 비행기 대신
> 굼시렁거리는 열차를 타고 가며
> 손뜨개질을 한다
> 정 없는 전자메일을 끊고
> 크리스마스 카드와 연하장을 띄우며
> 그리운 이들을 그리워한다
> ―「그날 이후」 중에서

> 쉰다섯 살고서
> 인생사 초월한 듯 거드름 피우다 만난
> 뜻밖의 손님
> 스승으로 맞아
> 면벽하고 동안거에 든다
> 육신을 무간지옥에 떨군 영혼이
> 무한 천공을 자유로이 나닌다
> ―「영혼의 자유」 중에서

「그날 이후」는 삐에르 상소의 '느림의 미학'을 떠올리게 한다. 삐에르 상소는 "시간에 쫓기고 시간의 노예가 되어버린 현대인이 자유로워지기 위해서는 느림의 미학을 배워야 한다."고 했다. 그의 '느리게 산다는 것의 의미'는 세찬 강물이나 무서운 회오리바람 속에서도 휩쓸리지 않고 자신만의 리듬을 잃지 않는 것이다. 그러기 위해서는 매일 되풀이되는 '하루'의 분주함이 아니라 '하루'의 감성적이고 시적인 형태를 포착하여야만 한다. 이것이 바로 빠른 현대 리듬 속에서도 굼뜨게 사는 능력이다. 「그날 이후」에서 화자는 자동차 대신 걷고, 비행기 대신 열차를 탄다. 그리고 손뜨개질을 하고 전자메일 대신 그리운 이들에게 카드와 연하장을 손수 써 보낸다. 이 시에서의 이런 행위들은 단순히 느리게 사는 것이 아니라, '그날 이후'라는 시간적 전제를 달고 있다. '그날'은 바로 격정의 시절에서 '절대고독'의 과정을 거쳐 '깨달음'을 얻은 시점으로 추측된다.

「영혼의 자유」에서 50대 중반을 넘기던 시절에 찾아 온 '뜻밖의 손님'은 암이라는 무서운 병이다. '손님'이라는 은유는 이 병을 두려워하고, 저주하고, 분통해 하고, 원망하는 게 아니라 오히려 마음을 진정시켜 숙명으로 받아들이는 태도이다. 더욱이 이를 '스승'으로 맞아 면벽 수행하는 '동안거'에 들게 된다는 것은 '죽음에 대한 해탈'의 경지라고 할 수 있다. 죽음이라는 구속에서 벗어나 영혼의 자유를 얻은 경지에 다다랐다고 여겨지기 때문이다.

　　무념무상의 법열이

파도처럼 남실거리는
해탈의 바다에
번민의 굴레를 벗은 민달팽이
온몸을 던진다
        -「바다로 간 달팽이」중에서

머언 먼 옛날
우주가 어머니 자궁처럼 물에 찰랑일 제
고동을 지고
온 바다를 헤엄쳐 다니던 소라의 기억
실낱같이 남아있는
유전자 속 그 기억을 헤집으며
해감내 따라
더듬더듬 바다를 찾아가는 길이거든
소망을 걸망에 지고
느릿느릿
본향으로 돌아가는 중이거든
        -「달팽이의 꿈」중에서

  두 시편에 등장하는 '달팽이'는 시인의 표상이다. '달팽이'는 앞에서 언급한 바 있는 '느림의 미학'을 몸소 실천하는 존재이다. 그리고 이 달팽이가 지향하는 곳은 '해탈의 바다'다. "무념무상의 법열이 / 파도처럼 남실거리는 / 해탈의 바다"인 것이다. 그리고 '번민의 굴레'에서 벗어난 달팽이는 이 바다에 몸을 던진다. 이는 자아와 세계가 '해탈'이라는 정점에서 합일을 이루고 있음을 드러낸 것이다.

「달팽이의 꿈」에서 달팽이는 "유전자 속 그 기억을 헤집으며" 바다를 찾아 간다. 유전자 속 기억이란 '우주가 어머니 자궁처럼 물에 찰랑일 제'의 것이다. 그 기억 따라 '느릿느릿' 돌아가는 본향은 '바다'이고 그것은 결국 영원한 자유가 살아있는 해탈의 경지인 것이다.

김해영 시집

바다로 간 달팽이

2012년 3월 10일 인쇄
2012년 3월 20일 발행

지은이 | 김 해 영
펴낸이 | 강 경 호
인쇄·기획 | (주)시와사람
등 록 | 1994년 6월 10일 제 05-01-0155호
주 소 | 광주시 동구 금동 8-1번지
전 화 | (062)224-5319
팩 스 | (062)225-5319
E-mail | jcapoet@hanmail.net

ISBN 978-89-5665-347-1 03810

값 8,000원

＊ 지은이와의 협의로 인지를 붙이지 않습니다.
＊ 잘못된 책은 바꾸어 드립니다.

공급처 ■ 한국출판협동조합
경기도 파주시 탄현면 오금리 202번지
주문전화 (02)716-5616, 070-7119-1740